Impressum
Verlag: BABADADA GmbH, Nedderfeld 112 , 22529 Hamburg
Geschäftsführer / Verlagsleitung: Harald Hof
Druck: Books on Demand GmbH, In de Tarpen 42, 22848 Norderstedt

Imprint
Publisher: BABADADA GmbH, Nedderfeld 112 , 22529 Hamburg, Germany
Managing Director / Publishing direction: Harald Hof
Print: Books on Demand GmbH, In de Tarpen 42, 22848 Norderstedt, Germany

sekolah

בית ספר

bilik darjah
כיתה
bahagi
חילק
186/2
papan
לוח
laman/taman sekolah
guru
מורה
kertas
נייר
tulis
כתב
pen
עט
meja
שולחן עבודה
pembaris
סרגל
buku
ספר
murid
תלמיד

beg galas

ילקוט

kotak pensel

קלמר

pensel

עיפרון

pengasah pensel

מחדד

pemadam

גומי מחיקה

kertas lukisan

חוברת סרטוט

melukis

סרטוט

berus lukis

מברשת

kotak warna

קופסת צבעים

gunting

מספריים

gam

דבק

buku latihan

ספר תרגול

kerja rumah

שיעור בית

nombor

מספר

tambah

חיבר

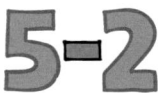

tolak

חיסר

darab

הכפיל

kira

חישב

huruf

אות

abjad

אלפבית

kata

מילה

teks

טקסט

baca

קרא

kapur

גיר

pelajaran

שיעור

daftar

יומן נוכחות

peperiksaan

מבחן

sijil

תעודה

uniform sekolah

תלבושת בית ספר

pendidikan

חינוך

ensiklopedia

אנציקלופדיה

universiti

אוניברסיטה

mikroskop

מיקרוסקופ

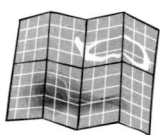

peta

מפה

bakul sampah

סל נייר

berjalan
נסיעה

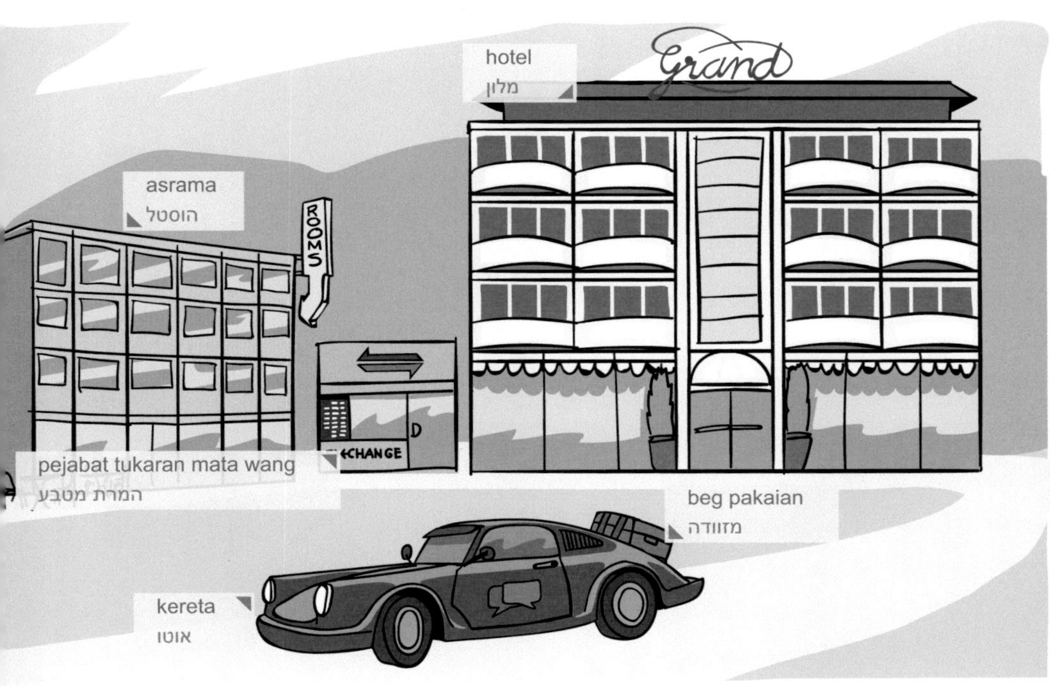
hotel
מלון
Grand
asrama
הוסטל
ROOMS
CHANGE
pejabat tukaran mata wang
המרת מטבע
beg pakaian
מזוודה
kereta
אוטו

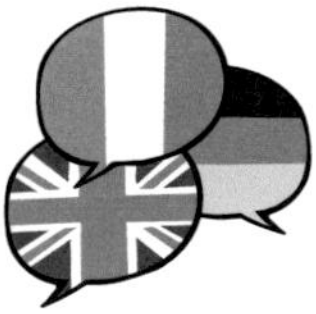
bahasa
שפה

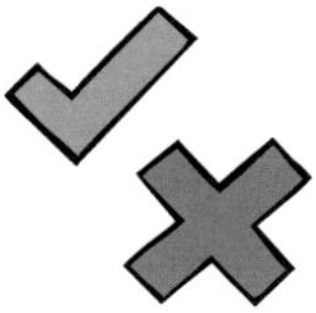
ya / tidak
כן / לא

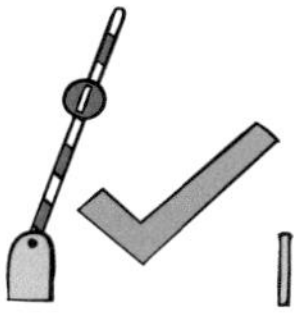
okey
בסדר

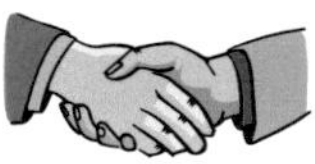
helo
שלום

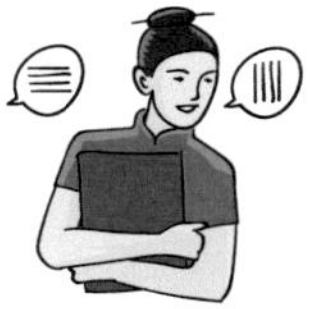
penterjemah
מתרגם

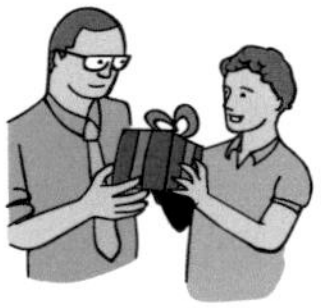
Terima kasih
תודה

berapa banyak...?

כמה עולה.....?

saya tidak faham

אני לא מבין

masalah

בעיה

Selamat petang!

ערב טוב!

Selamat Pagi!

בוקר טוב!

Selamat Malam!

לילה טוב!

selamat tinggal

להתראות

arah

כיוון

bagasi

כבודה

beg

תיק

beg galas

תרמיל גב

tetamu

אורח

bilik tidur

חדר

beg tidur

שק שינה

khemah

אוהל

maklumat pelancong

מרכז מידע לתיירים

pantai

חוף ים

kad kredit

כרטיס אשראי

sarapan

ארוחת בוקר

makan tengah hari

ארוחת צהריים

makan malam

ארוחת ערב

tiket

כרטיס

lif

מעלית

setem

בול

sempadan

גבול

kastam

מכס

kedutaan

שגרירות

visa

אשרה

pasport

דרכון

pengangkutan
תחבורה

kapal terbang
מטוס
kapal
אונייה
kereta bomba
כבאית
trak
משאית
bas
אוטובוס
motobot
סירת מנוע
basikal
אופניים
kereta
אוטו

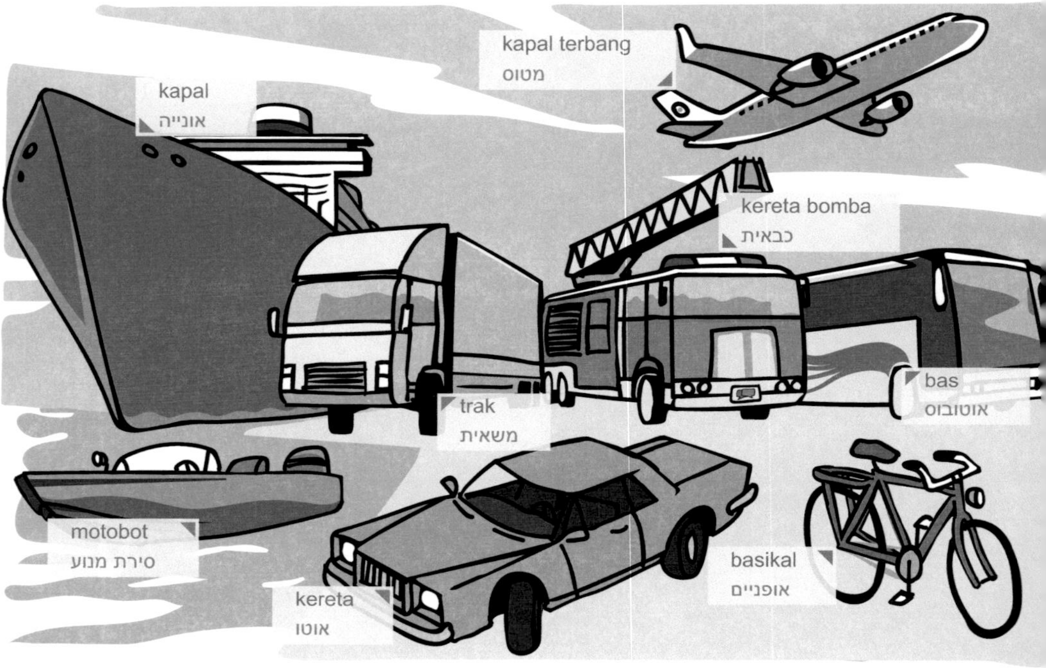

feri

מעבורת

bot

סירה

motosikal

אופנוע

kereta polis

ניידת משטרה

kereta lumba

מכונית מרוץ

kereta sewa

רכב שכור

berkongsi kereta

מכוניות בשיתוף

trak tunda

אוטו גרר

trak menolak

משאית זבל

motor

מנוע

bahan api

דלק

stesen minyak

תחנת דלק

tanda trafik

תמרור

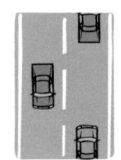

trafik

תנועה

kesesakan lalu lintas

פקק תנועה

tempat parkir

חניה

stesen kereta api

תחנת רכבת

trek

פסי רכבת

kereta api

רכבת

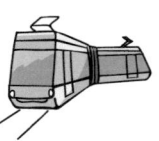

trem

רכבת קלה

gerabak

קרון

helikopter

מסוק

lapangan terbang

שדה-תעופה

Menara

מגדל

penumpang

נוסע

bekas

קונטיינר

kadbod

קרטון

kart

עגלה

bakul

סל

berlepas / mendarat

המראה / נחיתה

bandar

עיר

kampung

כפר

pusat bandar

מרכז העיר

rumah

בית

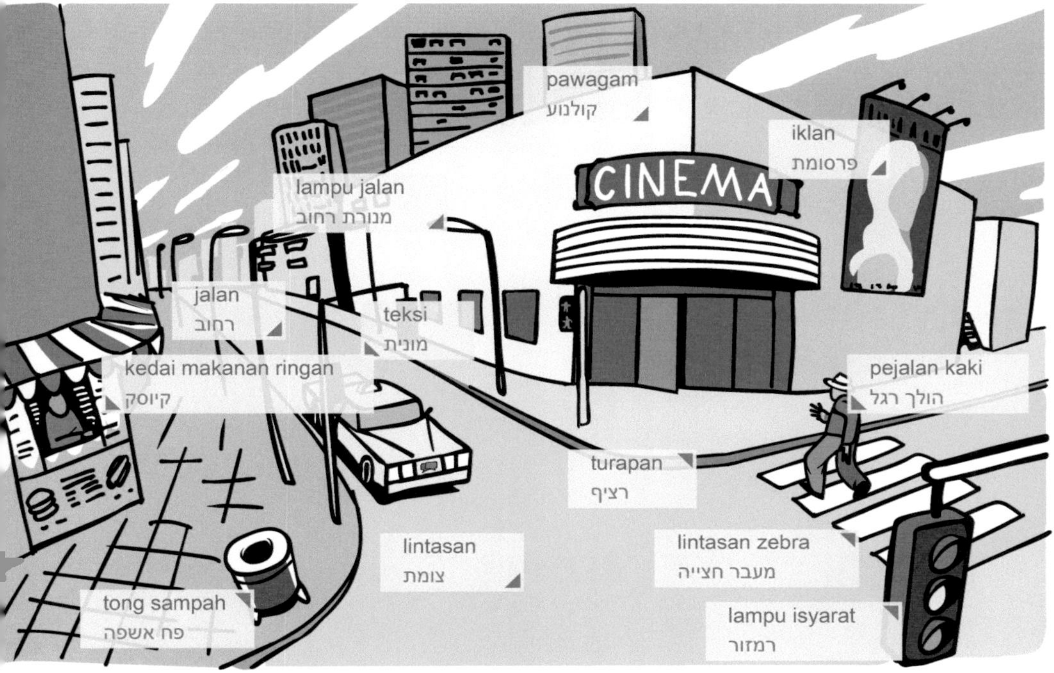

pawagam
קולנוע

iklan
פרסומת

lampu jalan
מנורת רחוב

CINEMA

jalan
רחוב

teksi
מונית

kedai makanan ringan
קיוסק

pejalan kaki
הולך רגל

turapan
רציף

lintasan
צומת

lintasan zebra
מעבר חצייה

tong sampah
פח אשפה

lampu isyarat
רמזור

pondok

בקתה

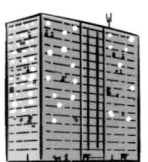

flat

דירה

stesen kereta api

תחנת רכבת

dewan bandar

עירייה

muzium

מוזיאון

sekolah

בית ספר

universiti

אוניברסיטה

bank

בנק

hospital

בית חולים

hotel

מלון

farmasi

בית מרקחת

pejabat

משרד

kedai buku

חנות ספרים

kedai

חנות

kedai bunga

חנות פרחים

pasar raya

סופרמרקט

pasaran

שוק

gedung

כל-בו

penjual ikan

מוכר דגים

pusat membeli-belah

קניון

pelabuhan

נמל

taman

פארק

bangku

ספסל

jambatan

גשר

tangga

מדרגות

bawah tanah

רכבת תחתית

terowong

מנהרה

hentian bas

תחנת אוטובוס

bar

בר

restoran

מסעדה

peti surat

תא דואר

papan tanda jalan

שלט רחוב

meter parkir

מדחן

zoo

גן חיות

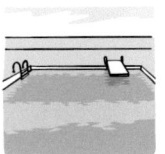

kolam renang

בריכת שחיה

masjid

מסגד

ladang

חווה

pencemaran

זיהום

tanah perkuburan

בית עלמין

gereja

כנסייה

taman permainan

מגרש משחקים

kuil

בית מקדש

landskap

נוף

daun
עלה

tiang tanda
תמרור

jalan
דרך

padang rumput
מרעה

batu
אבן

pokok
עץ

pejalan kaki
מטייל

sungai
נהר

rumput
דשא

bunga
פרח

lembah

בקעה

bukit

הר

tasik

אגם

hutan

יער

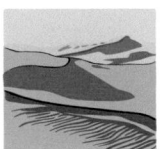

padang pasir

מדבר

gunung berapi

הר געש

istana

טירה

pelangi

קשת בענן

cendawan

פטריה

pokok kelapa sawit

דקל

nyamuk

יתוש

terbang

זבוב

semut

נמלה

lebah

דבורה

labah-labah

עכביש

kumbang

חיפושית

katak

צפרדע

tupai

סנאי

landak

קיפוד

arnab

ארנב

burung hantu

ינשוף

burung

ציפור

angsa

ברבור

babi jantan

חזיר בר

rusa

צבי

moose

אייל הקורא

empangan

סכר

turbin angin

טורבינת רוח

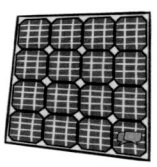

panel solar

פנל סולארי

iklim

אקלים

restoran

מסעדה

pelayan
מלצר
menu
תפריט
kerusi
כסא
sup
מרק
piza
פיצה
kutleri
סכו"ם
alas meja
מפת שולחן

pemula

מנת פתיחה

hidangan utama

מנה עיקרית

pencuci mulut

קינוח

minuman

שתיות

makanan

אוכל

botol

בקבוק

makanan segera

מזון מהיר

makanan jalanan

אוכל רחוב

teko

קנקן תה

mangkuk gula

מסכרת

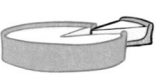

bahagian

מנה

mesin espreso

מכונת אספרסו

kerusi tinggi

כסא תינוק

bil

חשבון

dulang

מגש

pisau

סכין

garfu

מזלג

sudu

כף

sudu teh

כפית

serviette

מפית

gelas

כוס

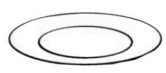

pinggan

צלחת

mangkuk sup

קערת מרק

piring

תחתית

sos

רוטב

tempat garam

מלחייה

pengisar lada

מטחנת פלפל

cuka

חומץ

minyak

שמן

rempah

תבלינים

sos

קטשופ

mustard

חרדל

mayones

מיונז

pasar raya

סופרמרקט

tawaran istimewa
מבצע
pelanggan
לקוח
tenusu
מוצרי חלב
buah-buahan
פירות
troli
עגלת קניות

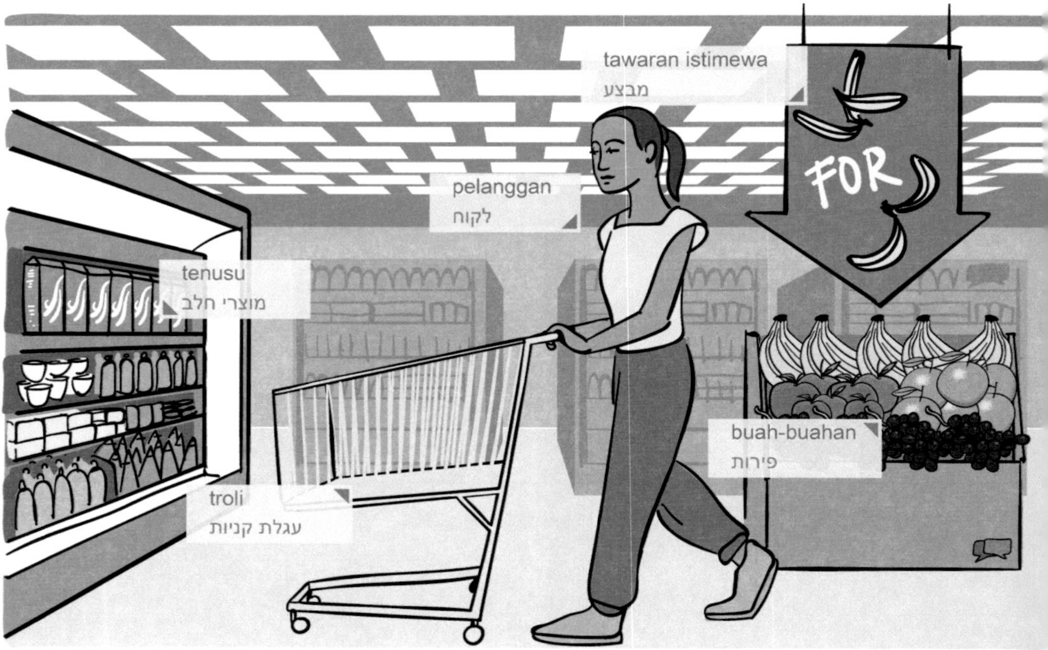

tukang daging

אטליז

kedai roti

מאפייה

berat

שקל

sayur-sayuran

ירקות

daging

בשר

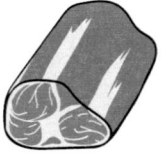

makanan sejuk beku

מזון קפוא

daging sejuk

בשר קר

makanan dalam tin

שימורים

serbuk pencuci

אבקת כביסה

gula-gula

ממתקים

produk isi rumah

מוצרי בית

produk pembersihan

חומר ניקוי

orang jualan

מוכרת

daftar tunai

קופה

juruwang

קופאי

senarai membeli-belah

רשימת קניות

waktu pembukaan

שעות פתיחה

beg duit

ארנק

kad kredit

כרטיס אשראי

beg

תיק

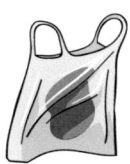

beg plastik

שקית נילון

minuman

שתיות

air

מים

jus

מיץ

susu

חלב

kola

קולה

wain

יין

bir

בירה

alkohol

אלכוהול

koko

קקאו

the

תה

kopi

קפה

espreso

אספרסו

kapucino

קפוצ'ינו

pisang

בננה

epal

תפוח

oren

תפוז

tembikai

אבטיח

lemon

לימון

lobak merah

גזר

bawang putih

שום

buluh

במבוק

bawang

בצל

cendawan

פטריות

kacang

אגוזים

mi

אטריות

spageti

ספגטי

nasi

אורז

salad

סלט

kerepek

צ'יפס

kentang goreng

צ'יפס

piza

פיצה

hamburger

המבורגר

sandwic

כריך

kutlet

שניצל

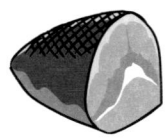

ham

שינקין

salami

סלאמי

sosej

נקניקיה

ayam

עוף

panggang

טיגון

ikan

דג

bubur oat

שיבולת שועל

muesli

מוזלי

emping jagung

קורנפלקס

tepung

קמח

kroisan

קרואסון

roti roll

לחמנייה

roti

לחם

roti bakar

טוסט

biskut

עוגיות

mentega

חמאה

dadih

גבינה לבנה

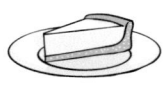

kek

עוגה

telur

ביצה

telur goreng

ביצת עין

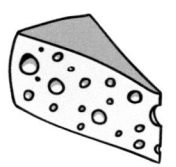

keju

גבינה

ais krim

גלידה

gula

סוכר

madu

דבש

jem

ריבה

krim nougat

ממרח נוגט

kari

קארי

ladang

חווה

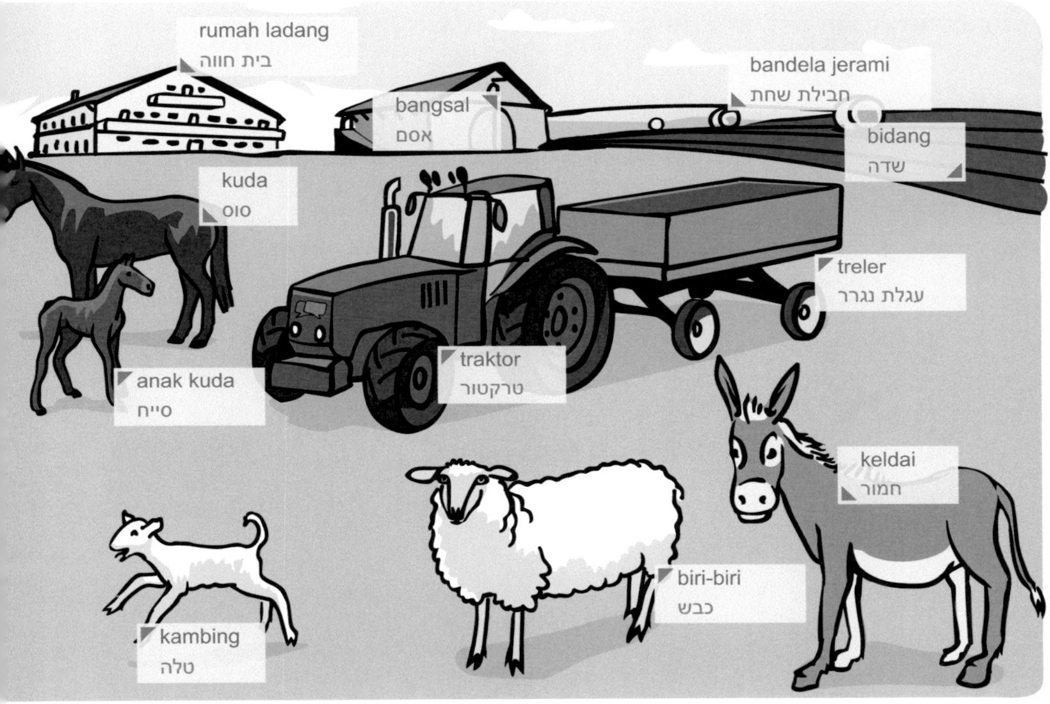

rumah ladang
בית חווה
bangsal
אסם
bandela jerami
חבילת שחת
bidang
שדה
kuda
סוס
treler
עגלת נגרר
traktor
טרקטור
anak kuda
סייח
keldai
חמור
biri-biri
כבש
kambing
טלה

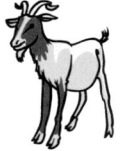

kambing

עז

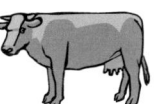

lembu

פרה

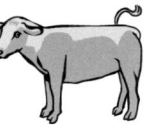

anak lembu

עגל

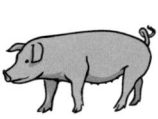

babi

חזיר

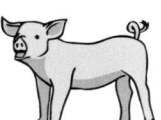

anak babi

חזרזיר

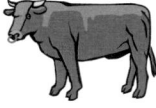

lembu

שור

angsa

אווז

itik

ברווז

anak ayam

אפרוח

ayam betina

תרנגולת

ayam jantan muda

תרנגול

tikus

חולדה

kucing

חתול

tikus

עכבר

lembu jantan

שור

anjing

כלב

rumah anjing

מלונה

hos taman

צינור השקיה

bekas siraman

קנקן מים

sabit

חרמש

bajak

מחרשה

sabit

מגל

cangkul

מגרפה

serampang peladang

קלשון

kapak

גרזן

kereta sorong

מריצה

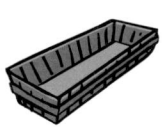

palung

שוקת

tin susu

כד חלב

karung

שק

pagar

גדר

stabil

אורווה

rumah hijau

חממה

tanah

אדמה

benih

זרע

baja

דשן

jentuai

מקצרה

tuai

קצר

menuai

קציר

keladi

בטטה אפריקנית

gandum

חיטה

soya

סויה

kentang

תפוח אדמה

jagung

תירס

biji sawi

קנולה

pokok buah-buahan

עץ פירות

ubi kayu

קסבה

bijirin

דגנים

rumah

בית

cerobong
ארובה
atap
גג
penurun
מרזב
tetingkap
חלון
garaj
מוסך
loceng pintu
פעמון
pintu
דלת
tong sampah
פח אשפה
peti surat
תיבת מכתבים
taman
גינה

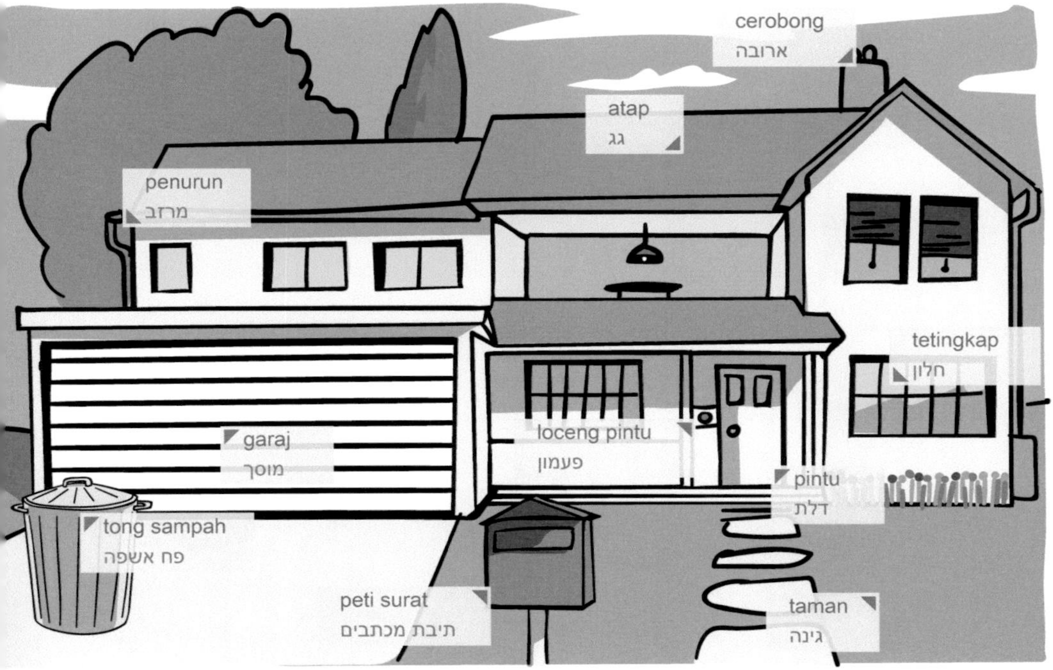

ruang tamu

סלון

bilik air

חדר אמבטיה

dapur

מטבח

bilik tidur

חדר שינה

bilik kanak-kanak

חדר ילדים

ruang makan

חדר אוכל

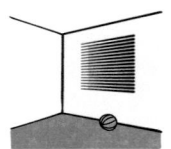

lantai

רצפה

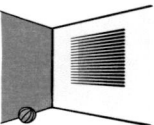

dinding

קיר

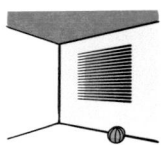

siling

תקרה

bilik bawah tanah

מרתף

sauna

סאונה

balkoni

מרפסת

teres

מרפסת

kolam renang

בריכה

pemotong rumput

מכסחת דשא

lembaran

סדין

penutup tilam

כיסוי מיטה

katil

מיטה

penyapu

מטאטא

timba

דלי

suis

מפסק

ruang tamu
סלון

kertas dinding
טפט
gambar
תמונה
lampu
מנורה
rak
מדף
kabinet
ארון
televisyen
טלוויזיה
pendiangan
אח
bunga
פרח
kusyen
כרית
sofa
ספה
pasu
אגרטל
alat kawalan jauh
שלט רחוק

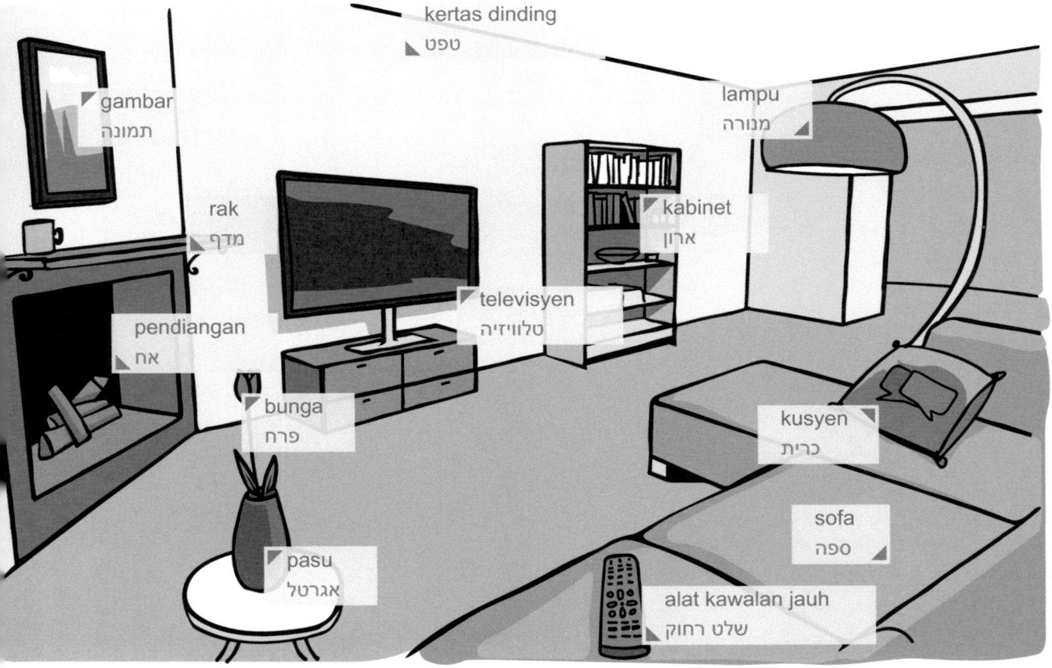

permaidani

שטיח

tirai

וילון

meja

שולחן

kerusi

כסא

kerusi malas

כיסא נדנדה

kerusi

כורסה

buku

ספר

selimut

שמיכה

hiasan

דקורציה

kayu api

עצי הסקה

filem

סרט

hi-fi

מערכת סטריאו

kunci

מפתח

akhbar

עיתון

lukisan

ציור

poster

פוסטר

radio

רדיו

buku catatan

מחברת

penyedut habuk

שואב אבק

kaktus

קקטוס

lilin

נר

dapur

מטבח

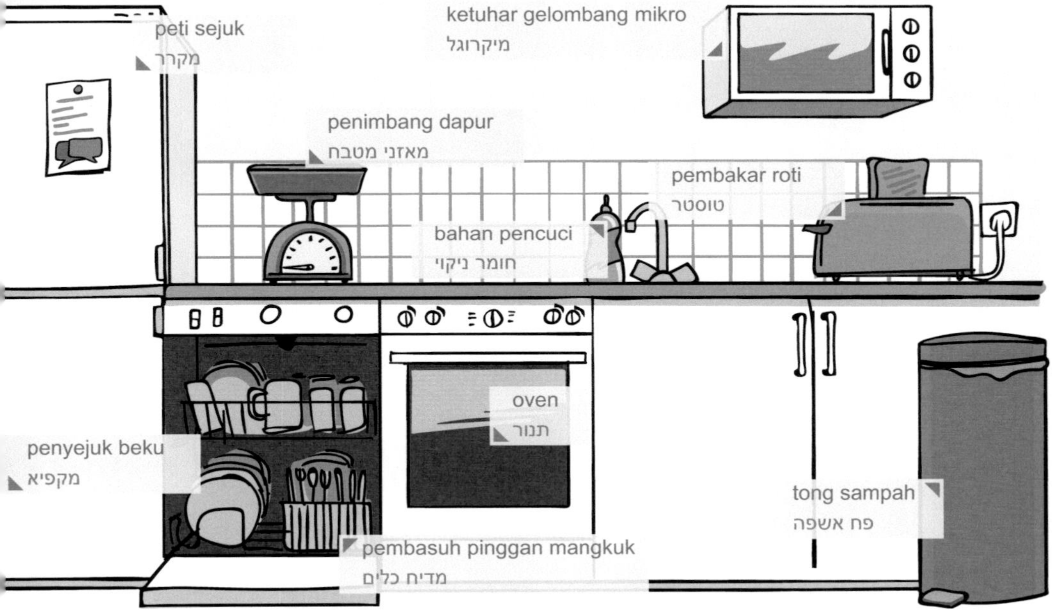
peti sejuk
מקרר
ketuhar gelombang mikro
מיקרוגל
penimbang dapur
מאזני מטבח
pembakar roti
טוסטר
bahan pencuci
חומר ניקוי
oven
תנור
penyejuk beku
מקפיא
tong sampah
פח אשפה
pembasuh pinggan mangkuk
מדיח כלים

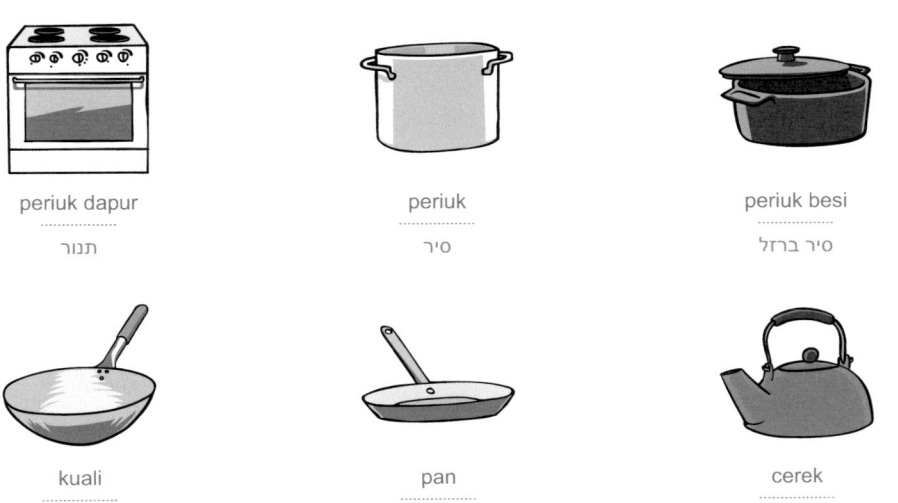

periuk dapur

תנור

periuk

סיר

periuk besi

סיר ברזל

kuali

ווק

pan

מחבת

cerek

קומקום חשמלי

pengukus

מאדה

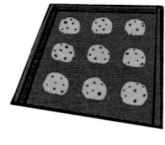

dulang pembakar

מגש אפייה

pinggan mangkuk

כלי אוכל

koleh

ספל

mangkuk

קערה

penyepit

צ'ופסטיקס

senduk

מצקת

spatula

מרית

pengadun

מטרפה

penapis

מסננת בישול

ayak

מסננת

pemarut

מגרדת

mortar

מכתש

barbeku

גריל

pembakaran terbuka

מדורה

papan pencincang

קרש חיתוך

pin golekan

מערוך

skru gabus

פותחן פקקים

tin

פחית

pembuka tin

פותחן קופסאות

pemegang periuk

מטלית

sinki

כיור

berus

מברשת

span

ספוג

pengisar

בלנדר

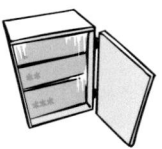

penyejuk beku

מקפיא

botol bayi

בקבוק לתינוק

paip

ברז

bilik air

חדר אמבטיה

mandi
מקלחת
pemanasan
חימום
tuala
מגבת
tirai mandi
וילון מקלחת
mandi buih
אמבטיית קצף
tab mandi
אמבטיה
gelas
כוס
mesin basuh
מכונת כביסה
paip
ברז
jubin
אריחים
tandas
סיר לילה
sinki
כיור

tandas

אסלה

tandas mencangkung

אסלת כריעה

mangkuk tandas

בידה

tandas awam

משתנה

kertas tandas

נייר טואלט

berus tandas

מברשת אסלה

berus gigi

מברשת שיניים

ubat gigi

משחת שיניים

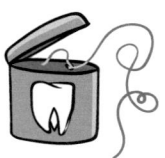

flos gigi

חוט דנטלי

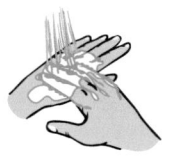

cuci

שטף

mandian tangan

מקלחת יד

pancuran

צינור שטיפה לשירותים

besen

קערת רחצה

belakang berus

מברשת גב

sabun

סבון

gel mandian

ג'ל רחצה

syampu

שמפו

flanel

ליפה

longkang

ניקוז

krim

קרם

deodoran

דיאודורנט

cermin

מראה

cermin tangan

מראת יד

pisau cukur

סכין גילוח

busa cukur

קצף גילוח

selepas cukur

אפטרשייב

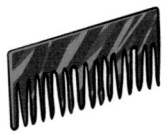

sikat

מסרק

berus

מברשת

pengering rambut

מייבש שיער

semburan rambut

ספריי לשיער

mekap

איפור

gincu

שפתון

varnis kuku

לק

bulu kapas

צמר גפן

gunting kuku

מספריים לציפורניים

pewangi

בושם

beg basuhan

תיק כלי רחצה

bangku

שרפרף

skala berat

משקל

jubah mandi

חלוק רחצה

sarung tangan getah

כפפות גומי

kapas

טמפון

tuala wanita

תחבושת סניטרית

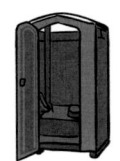

tandas kimia

שירותים כימיקליים

bilik kanak-kanak

חדר ילדים

jam loceng
שעון מעורר
mainan kegemaran
צעצוע חיבוק
kereta mainan
מכונית צעצוע
kerincing bayi
רעשן
rumah anak patung
בית בובות
hadiah
מתנה

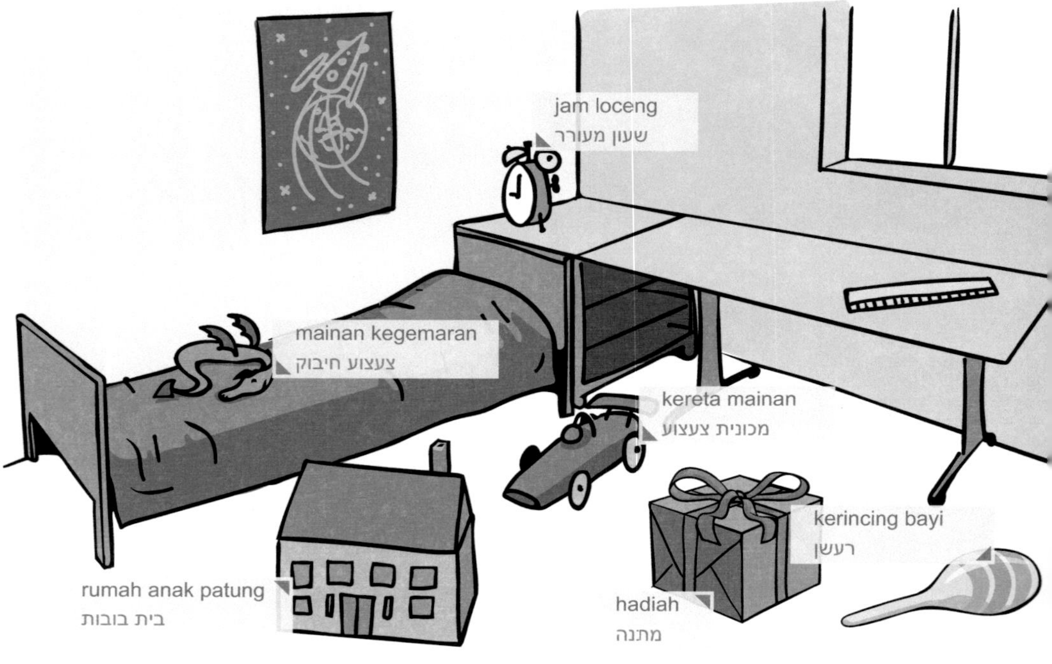

belon

בלון

katil

מיטה

kereta sorong bayi

עגלה

set kad

משחק קלפים

susun suai gambar

פאזל

komik

קומיקס

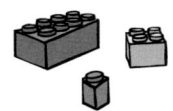

batu bata lego

לגו

blok mainan

קוביות משחק

figura aksi

דמות משחק

baju bayi

סרבל תינוקות

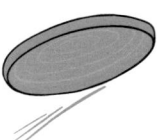

frisbee

פריזבי

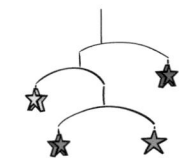

mainan bayi mudah alih

נייד

permainan papan

משחק לוח

dadu

קוביה

set model kereta api

רכבת צעצוע

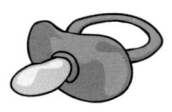

palsu

מוצץ

parti

מסיבה

buku bergambar

אלבום תמונות

bola

כדור

anak patung

בובה

main

שיחק

lubang pasir

ארגז חול

buai

נדנדה

mainan

צעצועים

konsol permainan video

קונסולת משחקים

basikal roda tiga

אופניים תלת גלגלי

anak patung beruang

דובון

almari pakaian

ארון בגדים

pakaian

בגדים

stoking

גרביים

stoking

גרביונים

ketat

גרביון

skarf
צעיף

keselamatan

payung
מטריה

kemeja-t
חולצת טי

but
מגפיים

selipar
נעלי בית

kasut sukan
נעלי ספורט

sandal

סנדלים

kasut

נעליים

but getah

מגפי גומי

seluar dalam

תחתונים

coli

חזייה

ves

וסט

badan

גוף

Seluar panjang

מכנסיים

jean

ג'ינס

skirt

חצאית

blaus

חולצה מכופתרת

kemeja

חולצה

baju panas sarung

אפודה

sweater

סווצ'ר עם קפוצ'ון

blazer

בלייזר

jaket

ז'קט

kot

מעיל

baju hujan

מעיל גשם

kostum

תלבושת

pakaian

שמלה

baju pengantin

שמלת כלה

sut

חליפה

baju tidur

כותונת לילה

baju tidur

פיג'מה

sari

סארי

skarf kepala

מטפחת ראש

serban

טורבן

burqa

בורקה

kaftan

קאפטן

abaya/jubah

עבאיה

baju renang

בגד ים

seluar renang

בגד ים

seluar pendek

מכנסיים קצרים

sut balapan

בגד אימון

apron

סינר

sarung tangan

כפפות

butang

כפתור

cermin mata

משקפיים

gelang tangan

צמיד יד

rantai leher

שרשרת

cincin

טבעת

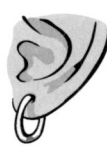

subang

עגיל

topi

כובע

penyangkut kot

קולב

topi

כובע

tali leher

עניבה

zip

רוכסן

topi keledar

קסדה

pendakap

כתפיות

uniform sekolah

תלבושת בית ספר

seragam

מדים

lapik dada

מפית אוכל

palsu

מוצץ

lampin

חיתול

pejabat

משרד

pelayan
שרת
kabinet fail
תיקייה
mesin pencetak
מדפסת
kertas
נייר
monitor
מסך
meja
שולחן עבודה
tetikus
עכבר
folder
תיק
papan kekunci
מקלדת
bakul sampah
סל נייר
komputer
מחשב
kerusi
כסא

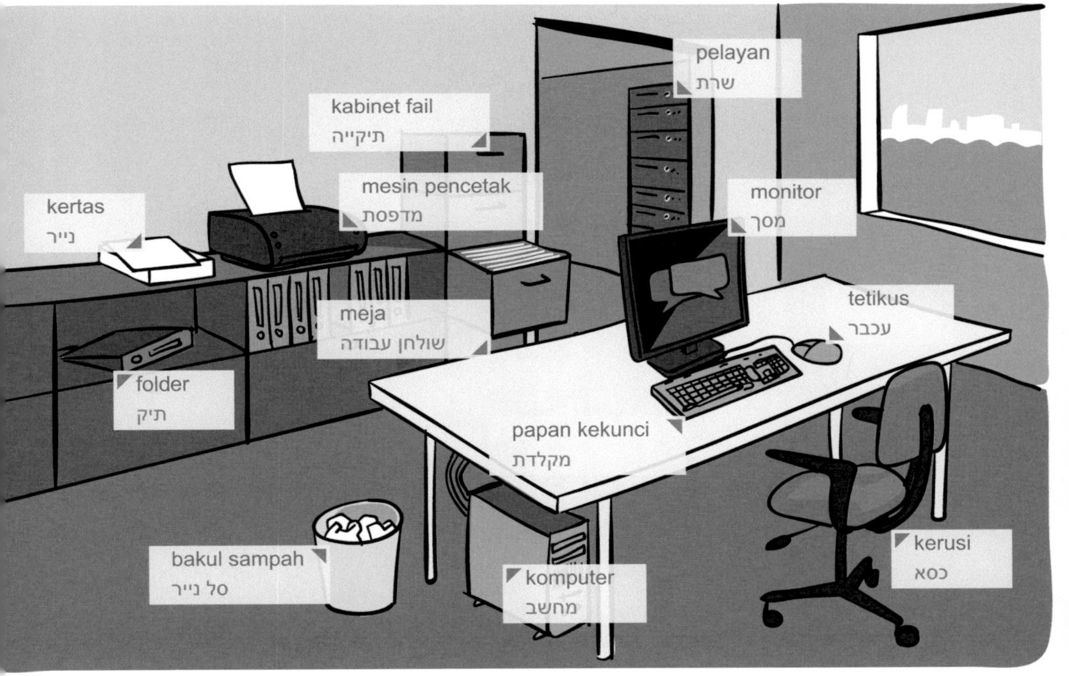

cawan kopi

ספל קפה

kalkulator

מחשבון

internet

אינטרנט

komputer riba

מחשב נייד

surat

מכתב

mesej

הודעה

mudah alih

נייד

rangkaian

רשת

mesin fotokopi

מכונת צילום

perisian

תוכנה

telefon

טלפון

soket plag

שקע

mesin faks

פקס

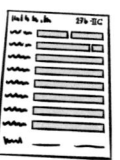

bentuk

טופס

dokumen

מסמך

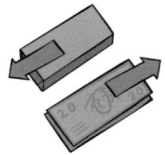

beli

קנה

bayar

שילם

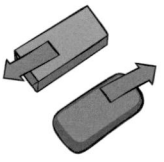

berdagang

סחר

wang

כסף

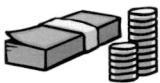

dolar

דולר

euro

יורו

yen

ין

rubel

רובל

franc swiss

פרנק שווייצרי

renminbi yuan

יואן רנמינבי

rupee

רופי

mata tunai

כספומט

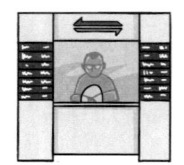

pejabat tukaran mata wang

המרת מטבע

emas

זהב

perak

כסף

minyak

נפט

tenaga

אנרגיה

harga

מחיר

kontrak

חוזה

cukai

מס

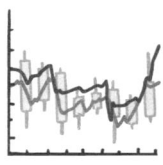

stok

מנייה

kerja

עבד

pekerja

עובד

majikan

מעסיק

kilang

מפעל

kedai

חנות

pekerjaan

מקצועות

pegawai polis
שוטר
ahli bomba
כבאי
tukang masak
טבח
doktor
רופא
juruterbang
טייס

tukang kebun

גנן

tukang kayu

נגר

tukang jahit

תופרת

hakim

שופט

ahli kimia

כימאי

pelakon

שחקן

pemandu bas

נהג אוטובוס

pemandu teksi

נהג מונית

nelayan

דייג

wanita pencuci

עובדת נקיון

kasau

מתקן גגות

pelayan

מלצר

pemburu

צייד

pelukis

צייר

bakeri

אופה

juruelektrik

חשמלאי

pembangun

עובד בניין

jurutera

מהנדס

penjual daging

קצב

tukang paip

אינסטלטור

posmen

דוור

pemandu bas — נהג אוטובוס

pemandu teksi — נהג מונית

nelayan — דייג

wanita pencuci — עובדת נקיון

kasau — מתקן גגות

pelayan — מלצר

pemburu — צייד

pelukis — צייר

bakeri — אופה

juruelektrik — חשמלאי

pembangun — עובד בניין

jurutera — מהנדס

penjual daging — קצב

tukang paip — אינסטלטור

posmen — דוור

pekerjaan - מקצועות

askar

חייל

arkitek

אדריכל

juruwang

קופאי

kedai bunga

מוכר פרחים

pendandan rambut

ספר

konduktor

כרטיסן

mekanik

מכונאי

kapten

קברניט

doktor gigi

רופא שיניים

ahli sains

מדען

tuhanku

רב

imam

אימאם

sami

נזיר

paderi

כומר

alat

כלי עבודה

playar
צבת
tukul
פטיש
pemutar skru
מברג
obor
פנס
sepana
מפתח ברגים

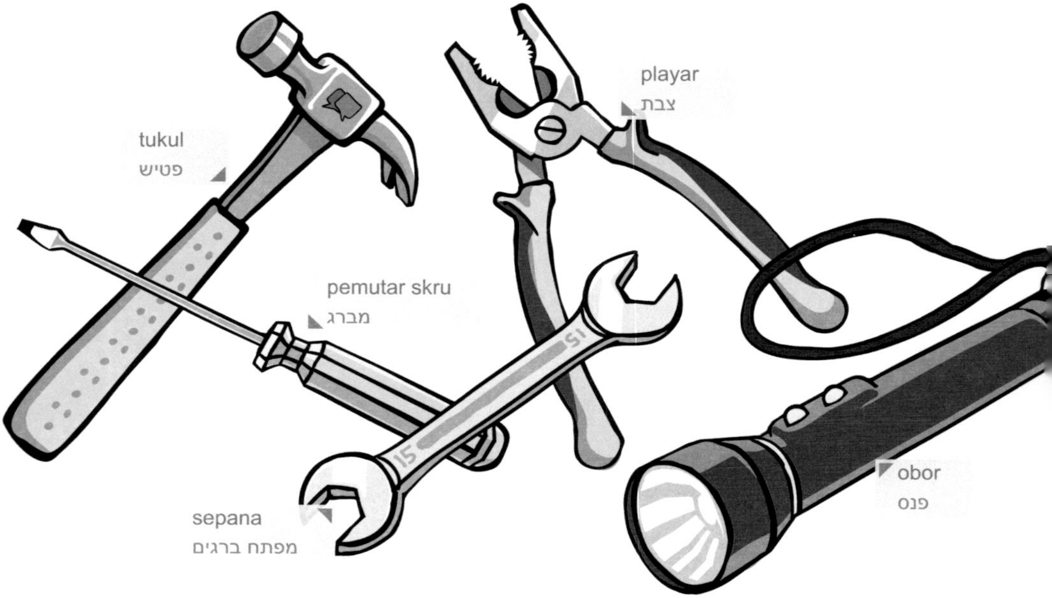

pengorek

דחפור

kotak peralatan

ארגז כלים

tangga

סולם

gergaji

מסור

kuku

מסמרים

gerudi

מקדחה

baiki

תיקון

penyodok

את חפירה

Celaka!

לעזאזל!

penadah sampah

יעה

periuk cat

פח צבע

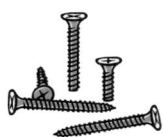

skru

ברגים

alat muzik

כלי נגינה

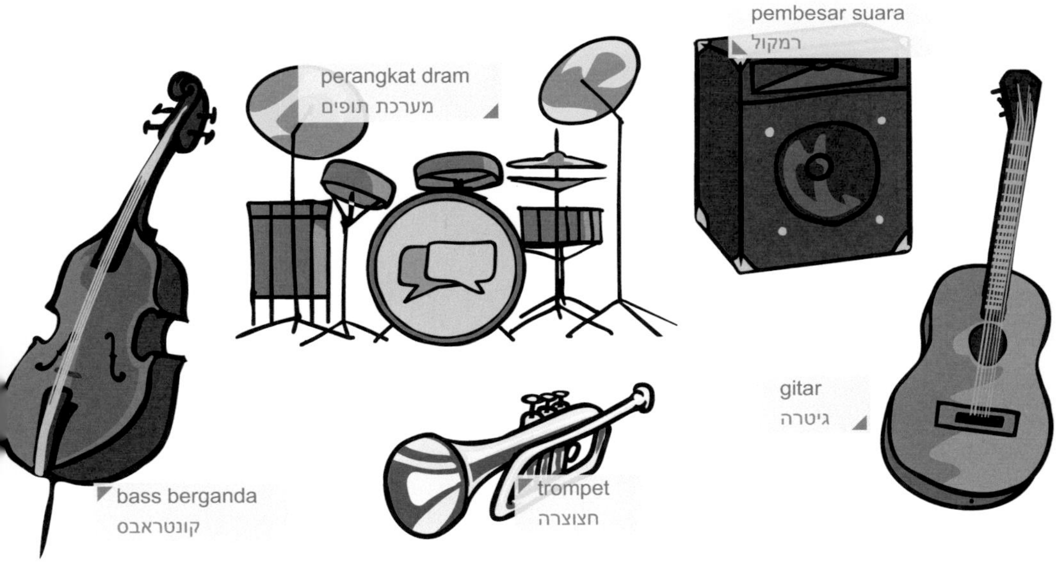

pembesar suara
רמקול

perangkat dram
מערכת תופים

gitar
גיטרה

bass berganda
קונטראבס

trompet
חצוצרה

piano

פסנתר

biola

כינור

bass

בס

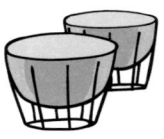

timpani

תוף הדוד

dram

תופים

papan kekunci

מקלדת פסנתר

saksofon

סקסופון

seruling

חליל

mikrofon

מיקרופון

ZOO

גן חיות

pintu masuk
כניסה
harimau
נמר
sangkar
כלוב
zebra
זברה
makanan haiwan
מזון לחיות
panda
פנדה

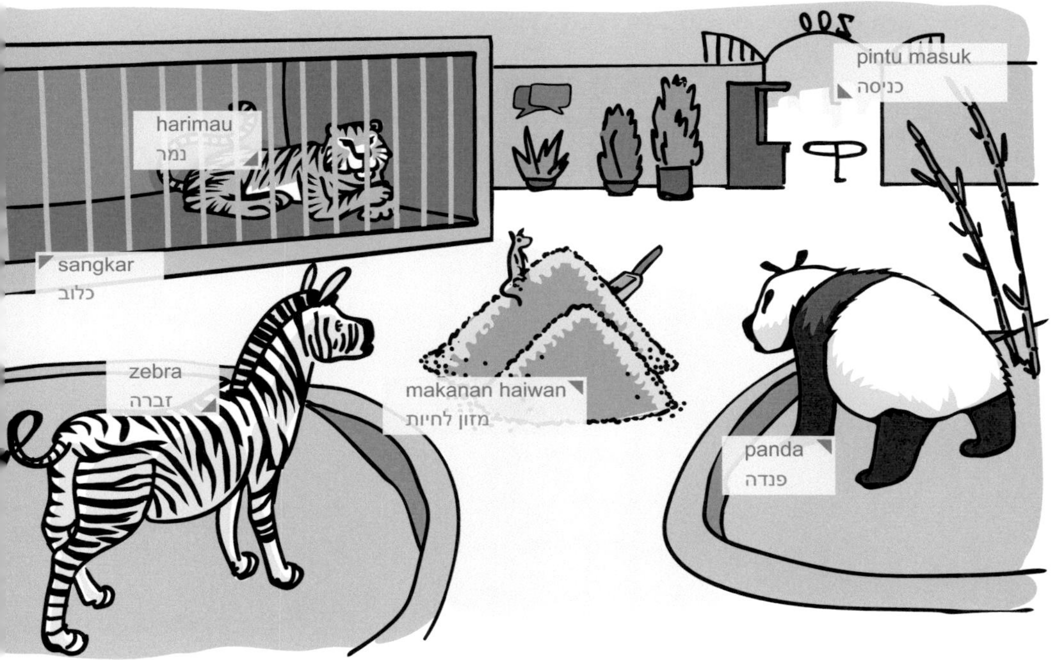

haiwan

בעלי חיים

gajah

פיל

kanggaru

קנגרו

badak sumbu

קרנף

gorila

גורילה

beruang

דוב

unta

גמל

burung unta

יען

singa

אריה

monyet

קוף

flamingo

פלמינגו

nuri

תוכי

beruang kutub

דוב הקרח

penguin

פינגווין

yu

כריש

merak

טווס

ular

נחש

buaya

תנין

penjaga zoo

שומר גן החיות

anjing laut

כלב ים

jaguar

יגואר

kuda

סוס פוני

harimau

לאופרד

badak air

היפופוטאם

zirafah

ג'ירפה

helang

נשר

babi jantan

חזיר בר

ikan

דג

penyu

צב

anjing laut

סוס ים

musang

שועל

rusa

איילה

sukan

ספורט

bola sepak Amerika
פוטבול אמריקאי
berbasikal
רכיבת אופניים
tenis
טניס
bola keranjang
כדורסל
renang
שחיה
hoki ais
הוקי
tinju
אגרוף

bola sepak

כדורגל

badminton

בדמינטון

olahraga

אתלטיקה

bola baling

כדור-יד

ski

עשה סקי

polo

פולו

aktiviti
פעילויות

lompat
קפץ
peluk
חיבק
ketawa
צחק
berjalan
הלך
menyanyi
שר
mimpi
חלם
berdoa
התפלל
cium
נשק

tulis

כתב

lukis

צייר

tunjuk

הראה

tolak

דחף

beri

נתן

ambil

לקח

ada

יש / להיות הבעלים

buat

עשה

ialah

היה

berdiri

עמד

lari

רץ

tarik

משך

buang

זרק

jatuh

נפל

tipu

שכב

tunggu

חיכה

bawa

סחב

duduk

ישב

pakai

התלבש

tidur

ישן

bangkit

התעורר

lihat pada

הסתכל ב-

menangis

בכה

strok

ליטף

sikat

סירק

cakap

דיבר

faham

הבין

tanya

שאל

dengar

שמע

minum

שתה

makan

אכל

mengemas

סידר

sayang

אהב

masak

בישל

pandu

נהג

terbang

עף

belayar

שט

kira

חישב

baca

קרא

belajar

למד

kerja

עבד

nikah

התחתן

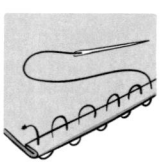

jahit

תפר

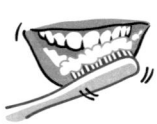

memberus gigi

ציחצח שיניים

bunuh

הרג

asap

עישן

hantar

שלח

keluarga
משפחה

nenek
סבתא
datuk
סבא
bapa
אבא
ibu
אימא
bayi
תינוק
anak perempuan
בת
anak lelaki
בן

tetamu

אורח

mak cik

דודה

pak cik

דוד

abang

אח

kakak

אחות

badan

גוף

dahi
מצח
mata
עין
muka
פנים
dagu
סנטר
jari
אצבע
tangan
כף יד
dada
חזה
lengan
זרוע
bahu
כתף
kaki
רגל

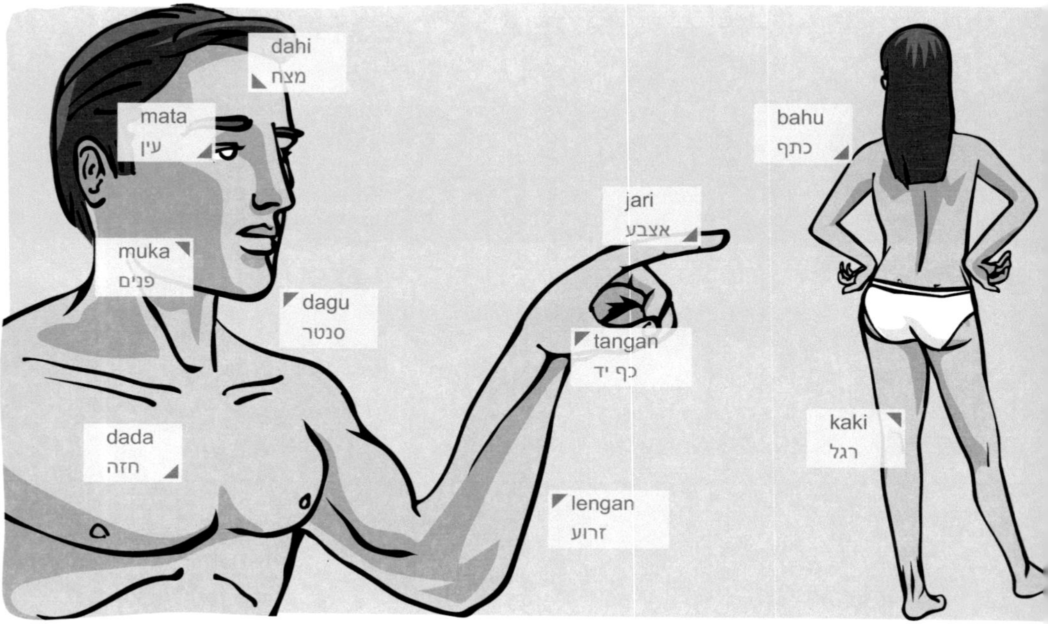

bayi

תינוק

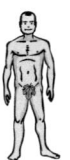

lelaki

איש

wanita

אישה

perempuan

ילדה

lelaki

ילד

kepala

ראש

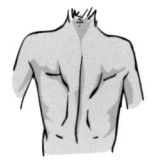

belakang

גב

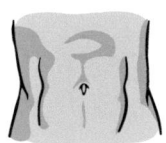

bawah perut

בטן

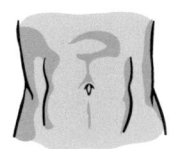

pusat

טבור

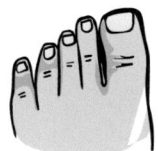

jari kaki

אצבע

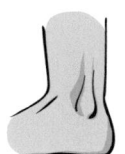

tumit

עקב

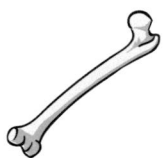

tulang

עצם

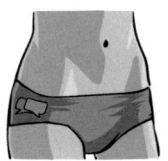

pinggul

ירך

lutut

ברך

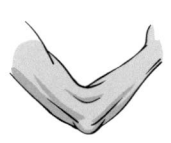

siku

מרפק

hidung

אף

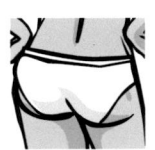

bawah

עכוז

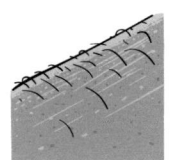

kulit

עור

pipi

לחי

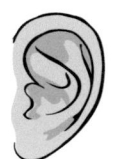

telinga

אוזן

bibir

שפתיים

mulut

פה

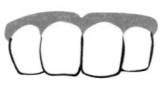

gigi

שן

lidah

לשון

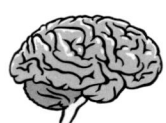

otak

מוח

hati

לב

otot

שריר

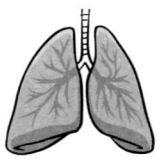

paru-paru

ריאה

hati

כבד

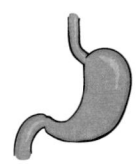

perut

קיבה

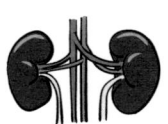

buah pinggang

כליות

seks

מין

kondom

קונדום

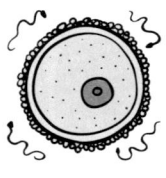

faraj

ביצית

mani

זרע

mengandung

הריון

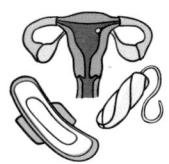

haid

ווסת

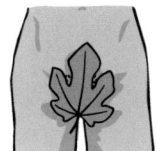

faraj

נרתיק

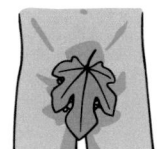

penis

פין

kening

גבה

rambut

שיער

leher

צוואר

hospital

בית חולים

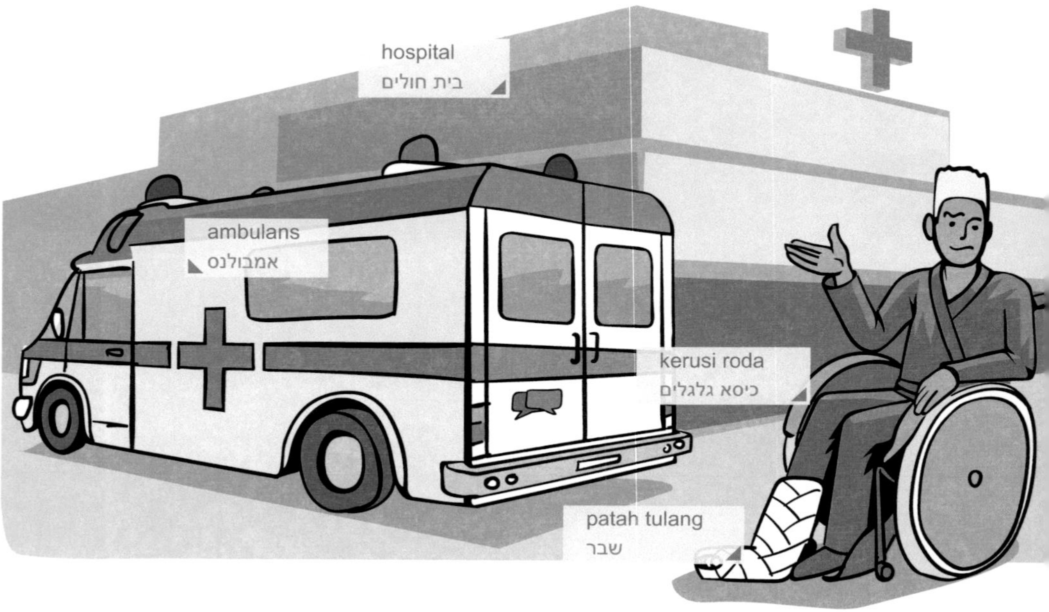

hospital
בית חולים
ambulans
אמבולנס
kerusi roda
כיסא גלגלים
patah tulang
שבר

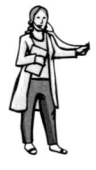

doktor

רופא

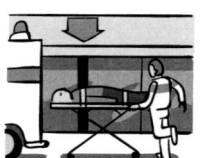

bilik kecemasan

חדר מיון

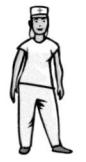

jururawat

אחות

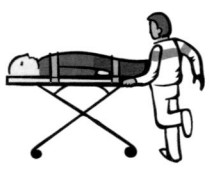

kecemasan

חירום

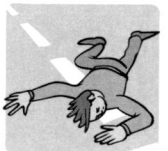

tak sedar

חסר הכרה

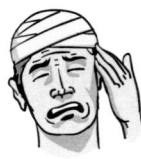

sakit

כאב

kecederaan

פציעה

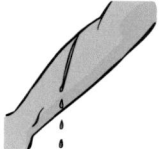

pendarahan

דימום

serangan jantung

התקף לב

strok

שבץ

alergi

אלרגיה

batuk

שיעול

demam

חום

selesema

שפעת

cirit-birit

שלשול

sakit kepala

כאב ראש

kanser

סרטן

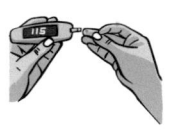

diabetes

סוכרת

pakar bedah

מנתח

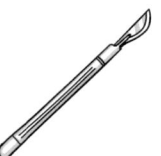

pisau bedah

אזמל

pembedahan

ניתוח

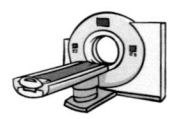

CT

סי-טי

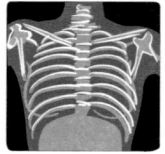

x-ray

רנטגן

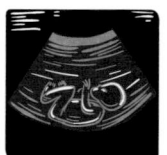

ultrabunyi

אולטרסאונד

topeng muka

מסיכת פנים

penyakit

מחלה

bilik menunggu

חדר המתנה

penongkat

קבה

plaster

פלסטר

pembalut

תחבושת

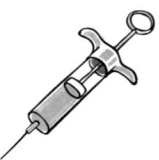

suntikan

זריקה

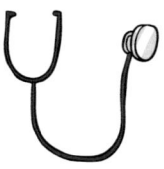

stetoskop

סטטוסקופ

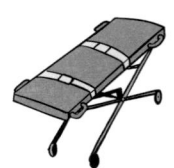

pengusung

אלונקה

termometer klinik

מד חום

kelahiran

לידה

berat badan berlebihan

עודף משקל

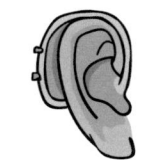

alat pendengaran

מכשיר שמיעה

disinfektan

מחטא

jangkitan

זיהום

virus

נגיף

HIV / AIDS

איידס

perubatan

תרופה

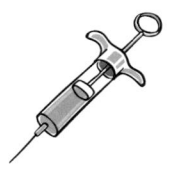

vaksinasi

חיסון

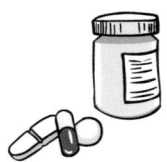

tablet

טבליות

pil

גלולה

panggilan kecemasan

קריאת חירום

pantau tekanan darah

מד לחץ דם

sakit / sihat

חולה / בריא

kecemasan

חירום

Tolong!

הצילו!

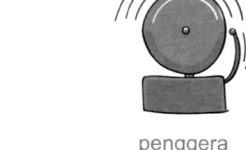

penggera

אזעקה

serang

פשיטה

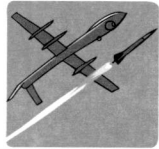

serangan

תקיפה

bahaya

סכנה

pintu kecemasan

יציאת חירום

Api!

אש!

alat pemadam api

מטף כיבוי

kemalangan

תאונה

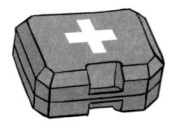

alat pertolongan cemas

ערכת עזרה ראשונה

SOS

הצילו!

polis

משטרה

bumi

כדור הארץ

Eropah

אירופה

Amerika Utara

צפון אמריקה

Amerika Selatan

דרום אמריקה

Afrika

אפריקה

Asia

אסיה

Australia

אוסטרליה

Atlantic

האוקיינוס האטלנטי

Pasifik

האוקיינוס השקט

Lautan Hindi

האוקיינוס ההודי

Lautan Antartik

האוקיינוס האנטרקטי

Lautan Artik

האוקיינוס הארקטי

Kutub utara

הקוטב הצפוני

Kutub Selatan

הקוטב הדרומי

Antartika

אנטארקטיקה

bumi

כדור הארץ

tanah

אדמה

laut

ים

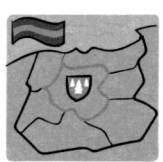

pulau

אי

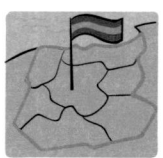

negara

לאום

negeri

מדינה

jam
שעון

muka jam

פני השעון

tangan jam

מחוג השעות

tangan minit

מחוג הדקות

terpakai

מחוג השניות

Jam berapa sekarang

מה השעה?

hari

יום

masa

זמן

sekarang

עכשיו

jam digital

שעון דיגיטלי

minit

דקה

jam

שעה

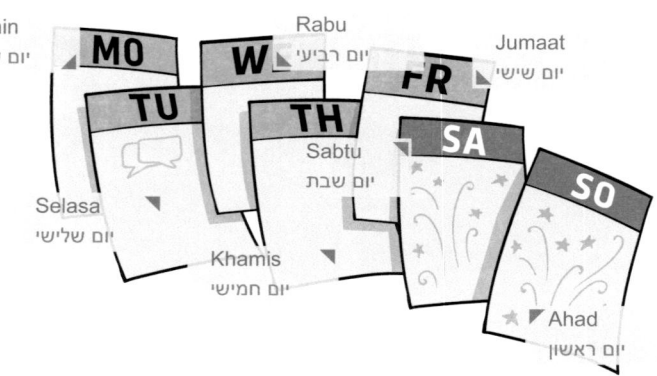

minggu

שבוע

MO
TU
W
TH
FR
SA
Isnin
יום שני
Selasa
יום שלישי
Rabu
יום רביעי
Khamis
יום חמישי
Jumaat
יום שישי
Sabtu
יום שבת
Ahad
יום ראשון

21

semalam

אתמול

2

hari ini

היום

3

esok

מחר

pagi

בוקר

tengah hari

צהריים

petang

ערב

MO TU WE TH FR SA SU
1 2 3 4 5 6 7
8 9 10 11 12 13 14
15 16 17 18 19 20 21
22 23 24 25 26 27 28
29 30 31 1 2 3 4

hari kerja

ימי עבודה

MO TU WE TH FR SA SU
1 2 3 4 5 6 7
8 9 10 11 12 13 14
15 16 17 18 19 20 21
22 23 24 25 26 27 28
29 30 31 1 2 3 4

hari minggu

סוף שבוע

tahun
שנה

hujan
גשם
pelangi
קשת בענן
angin
רוח
salji
שלג
musim bunga
אביב
musim panas
קיץ
musim luruh
סתיו
musim salji
חורף

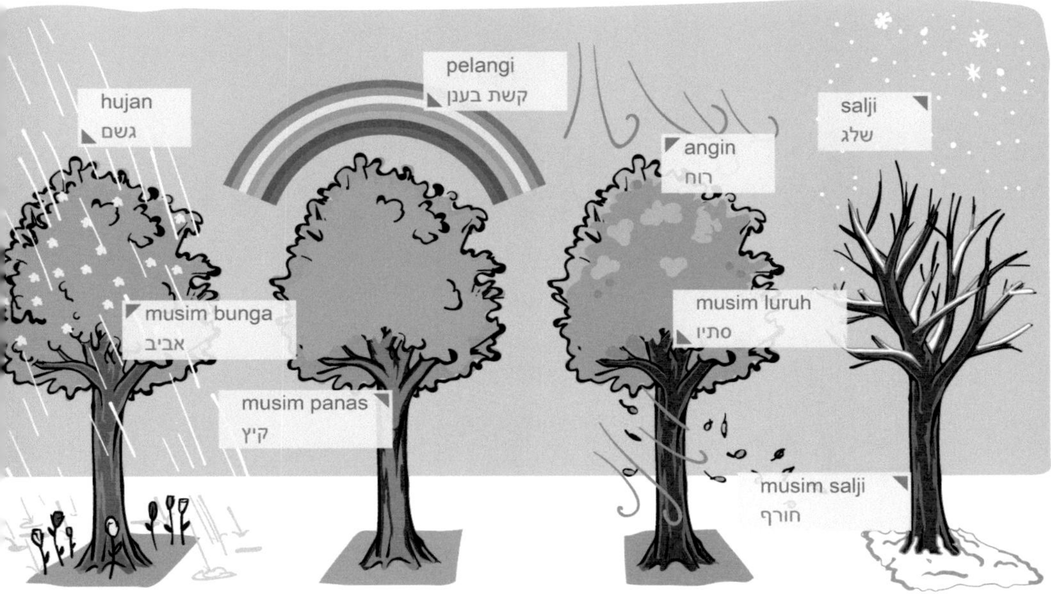

ramalan cuaca

תחזית מזג האוויר

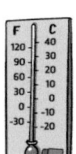

termometer

מד חום

sinar matahari

אור שמש

awan

ענן

kabus

ערפל

lembapan

לחות

kilat

ברק

petir

רעם

ribut

סערה

hujan batu

ברד

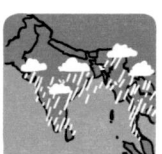

monsun

רוח עונתי

banjir

שיטפון

ais

קרח

Januari

ינואר

Februari

פברואר

Mac

מרץ

April

אפריל

Mei

מאי

Jun

יוני

Julai

יולי

Ogos

אוגוסט

September

ספטמבר

Oktober

אוקטובר

November

נובמבר

Disember

דצמבר

bentuk

צורות

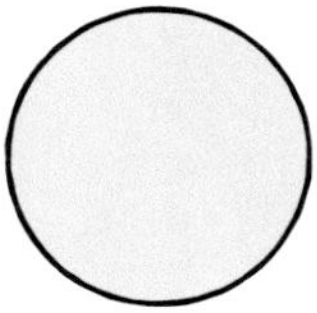

bulatan

עיגול

petak

מרובע

segi empat tepat

מלבן

segitiga

משולש

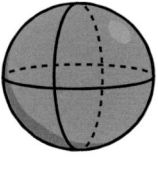

sfera

כדור

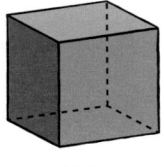

kiub

קובייה

warna

צבעים

putih

לבן

kuning

צהוב

oren

כתום

merah jambu

ורוד

merah

אדום

ungu

סגול

biru

כחול

hijau

ירוק

coklat

חום

kelabu

אפור

hitam

שחור

banyak / sedikit

הרבה / מעט

marah / tenang

כועס / רגוע

cantik / hodoh

יפה / מכוער

bermula / tamat

התחלה / סוף

besar kecil

גדול / קטן

terang / gelap

בהיר / כהה

abang / kakak

אח / אחות

bersih / kotor

נקי / מלוכלך

lengkap / tidak lengkap

שלם / חלקי

hari / malam

יום /לילה

mati / hidup

מת / חי

luas / sempit

רחב / צר

boleh dimakan / tidak boleh dimakan

אכיל / לא אכיל

jahat / baik

רשע / טוב לב

teruja / bosan

מתרגש / משועמם

gemuk / kurus

שמן / רזה

pertama / terakhir

ראשון / אחרון

kawan / musuh

חבר / אויב

penuh / kosong

מלא / ריק

keras / lembut

קשה / רך

berat / ringan

כבד / קל

lapar / dahaga

רעב / צמא

sakit / sihat

חולה / בריא

menyalahi undang-undang / undang-undang

בלתי-חוקי / חוקי

pintar / bodoh

נבון / טיפש

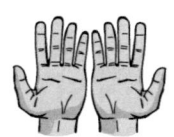

kiri / kanan

שמאל / ימין

dekat / jauh

קרוב / רחוק

baru / lama

חדש / משומש

tiada / sesuatu

כלום / משהו

tua / muda

זקן / צעיר

hidup / mati

פעיל / כבוי

terbuka / tertutup

פתוח / סגור

diam / bising

שקט / רועש

kaya / miskin

עשיר / עני

betul / salah

נכון / שגוי

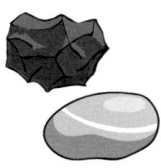

kasar / halus

מחוספס / חלק

sedih / gembira

עצוב / שמח

pendek / panjang

קצר / ארוך

lambat / laju

איטי / מהיר

basah / kering

רטוב / יבש

panas / sejuk

חם / קר

berperang / berdamai

מלחמה / שלום

0

sifar

אפס

1

satu

אחת

2

dua

שתיים

3

tiga

שלוש

4

empat

ארבע

5

lima

חמש

6

enam

שש

7

tujuh

שבע

8

lapan

שמונה

9

sembilan

תשע

10

sepuluh

עשר

11

sebelas

אחת-עשרה

12

dua belas

שתים-עשרה

13

tiga belas

שלוש-עשרה

14

empat belas

ארבע-עשרה

15

lima belas

חמש-עשרה

16

enam belas

שש-עשרה

17

tujuh belas

שבע-עשרה

18

lapan belas

שמונה-עשרה

19

Sembilan belas

תשע-עשרה

20

dua puluh

עשרים

100

ratus

מאה

1.000

ribu

אלף

1.000.000

juta

מיליון

bahasa-bahasa

שפות

Bahasa Inggeris

אנגלית

Bahasa Inggeris Amerika

אנגלית אמריקאית

Bahasa Cina Mandarin

סינית מנדרינית

Bahasa Hindi

הודית

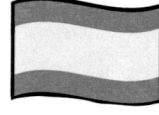

Bahasa Sepanyol

ספרדית

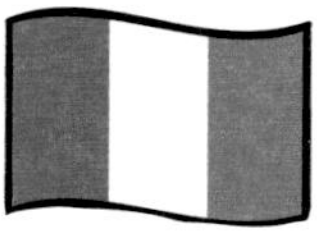

Bahasa Perancis

צרפתית

Bahasa Arab

ערבית

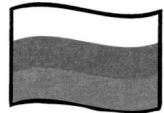

Bahasa Rusia

רוסית

Bahasa Portugis

פורטוגזית

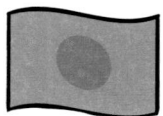

Bahasa Benggali

בנגלית

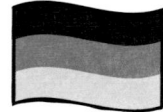

Bahasa Jerman

גרמנית

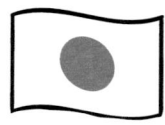

Bahasa Jepun

יפנית

siapa / apa / bagaimana
מי / מה / איך

saya

אני

anda

אתה / את

dia / dia / ia

הוא / היא / זה

kita

אנחנו

anda

אתם

mereka

הם

siapa?

מי?

apa?

מה?

bagaimana?

איך?

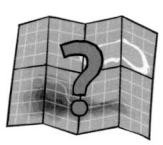

di mana?

איפה?

bila?

מתי?

nama

שם

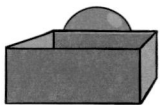

di mana
איפה

belakang

מאחור

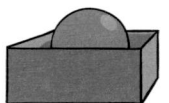

dalam

בתוך

di hadapan

לפני

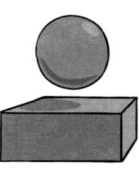

lebih

מעל

pada

על

di bawah

מתחת

bersebelahan

ליד

antara

בין

tempat

מקום